Tiere und Figuren mit Scoubidou

Aus bunten Scoubidoubändern kannst du tolle Figuren und Tiere knüpfen. Mit einem Außerirdischen an deinem Schlüsselanhänger oder einer Spinne an deinem Handy bist du auf jeden Fall voll im Trend. Für deine nächste Party kannst du die Figuren mit Saugnäpfen an einem Trinkglas befestigen. Deine Gäste werden überrascht sein und viel Freude daran haben.

Aber auch zum Verschenken und Sammeln sind die Tiere und Figuren genial!

Ich wünsche dir viel Spaß beim Knüpfen!

Sabine Koch

Die Motive lassen sich in folgende Schwierigkeitsgrade unterteilen:
● ○ ○ einfach ● ● ○ etwas schwieriger ● ● ● anspruchsvoll

MATERIAL

- Scoubidoubänder mit und ohne Glitter in verschiedenen Farben und Längen
- Rocailles in verschiedenen Farben, ø 2,6 mm
- Holz- und Schmuckperlen
- Silberdraht, ø 0,6 mm und 1 mm
- Wackelaugen in verschiedenen Größen
- Accessoires wie Schlüsselanhänger, Handy-Ösen und Saugnäpfe

Hinweis: Genaue Materialangaben findest du bei jedem Scoubidou. Alle Farbangaben sind natürlich nur Vorschläge. Wähle deine Lieblingsfarben aus oder probiere, welche Farben am besten zusammenpassen.

Folgende **WERKZEUGE** und **HILFSMITTEL** benötigst du für fast jedes Scoubidou. Sie werden in den Materiallisten daher nicht aufgeführt:

- Schere
- Pinzette
- Kneifzange
- Drahtzange
- Alleskleber, Sekundenkleber
- Bleistifte
- Zahnstocher
- Handbohrer
- Teppichnadel

So geht's

Man unterscheidet zwischen rund und eckig geknüpften Scoubidous. Für beide Knüpfarten sind die folgenden Anfänge geeignet:

Anfang A: Die Bänder, die du benötigst, auf einer bestimmten Länge zusammenknoten.

Anfang B: Beim Knüpfen mit vier oder sechs Bändern um ein Band oder zwei Bänder in der Mitte ein weiteres Band schlingen. So erhältst du vier bzw. sechs Enden.

Anfang B für vier Bänder:

Anfang B für sechs Bänder:

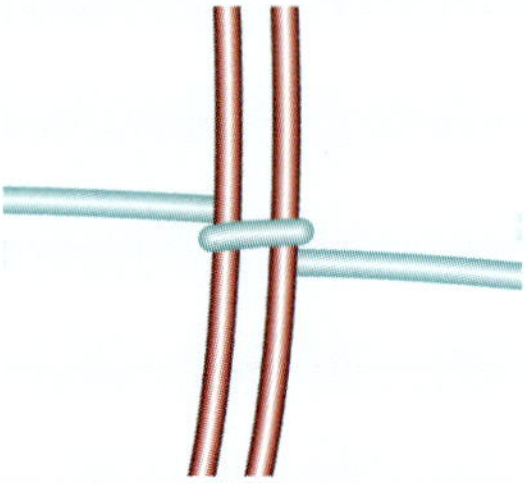

Anfang C: Beim Knüpfen mit acht Bändern vier Bänder ineinander schlingen, so erhältst du acht Enden.

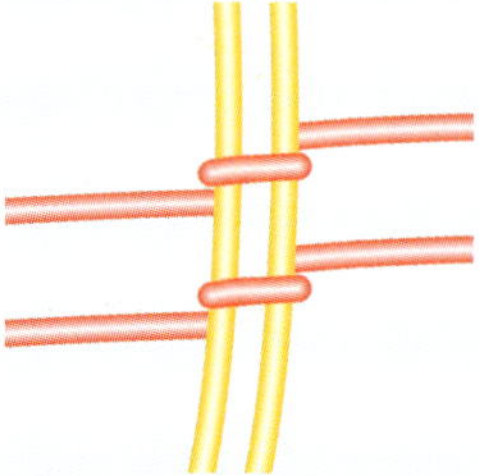

Technik 1: Eckiges Scoubidou mit vier Bändern

1 Die Bänder durch Anfang A oder B miteinander verbinden. Dann die Bänder a und b über die Bänder c und d zu Schlaufen legen.

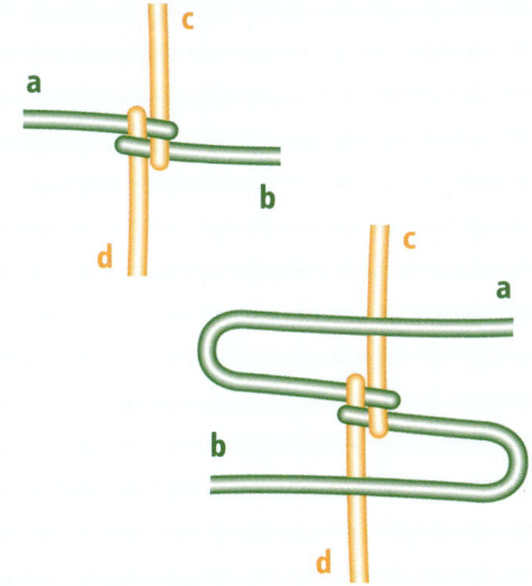

2 Die Bänder c und d in die Schlaufen einfädeln.

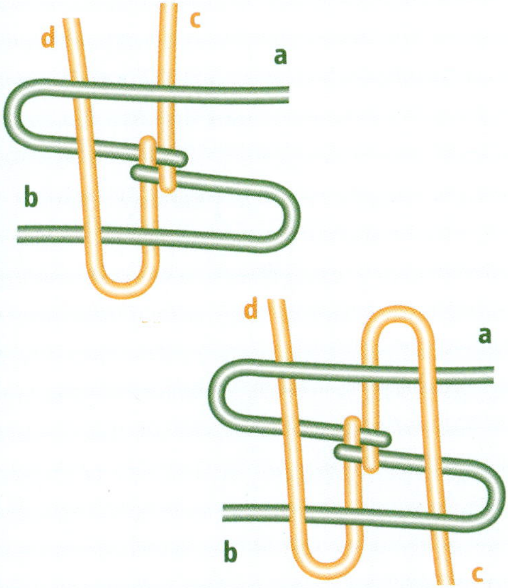

3 Die Bänder festziehen. Es entsteht ein quadratischer Knoten.

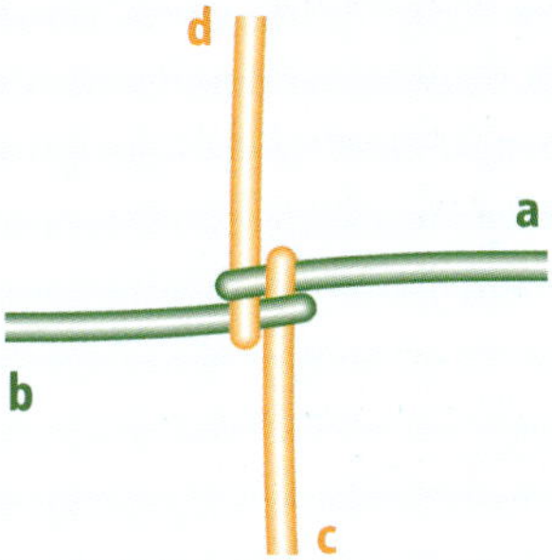

4 Den zweiten und alle weiteren Knoten knüpfst du gemäß der Zeichnung. Damit das Scoubidou eckig wird, musst du darauf achten, dass ein Bandende immer auf dieselbe Seite wie beim vorangegangenen Knoten gelegt wird. So fährst du fort, bis du die gewünschte Länge erreicht hast.

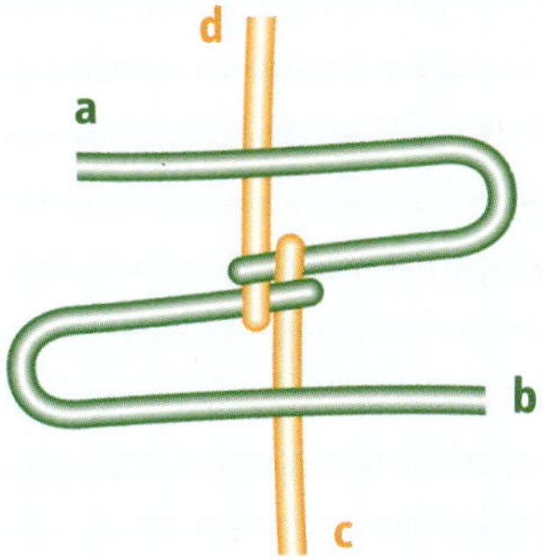

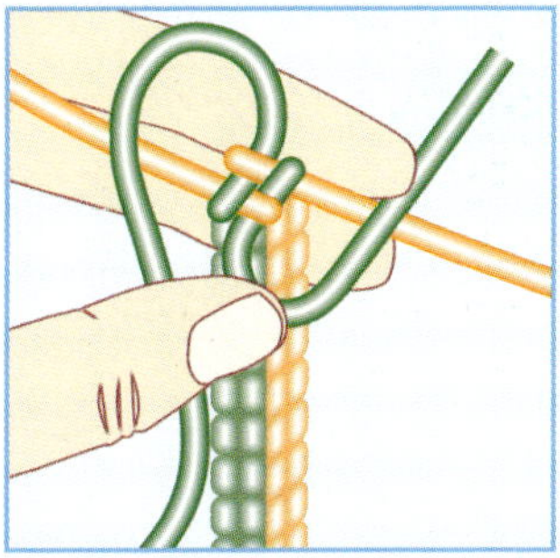

Technik 2: Rundes Scoubidou mit vier Bändern

1 Die Bänder durch Anfang A oder B miteinander verbinden.
Der erste Knoten wird genau wie beim eckigen Knüpfen mit vier Bändern angefertigt. Also die Bänder a und b über die Bänder c und d zu Schlaufen legen.

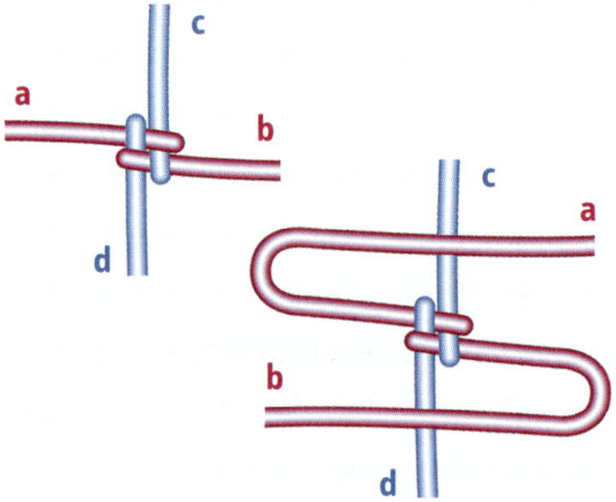

2 Die Bänder c und d in die Schlaufen fädeln und festziehen. Es entsteht ein quadratischer Knoten.

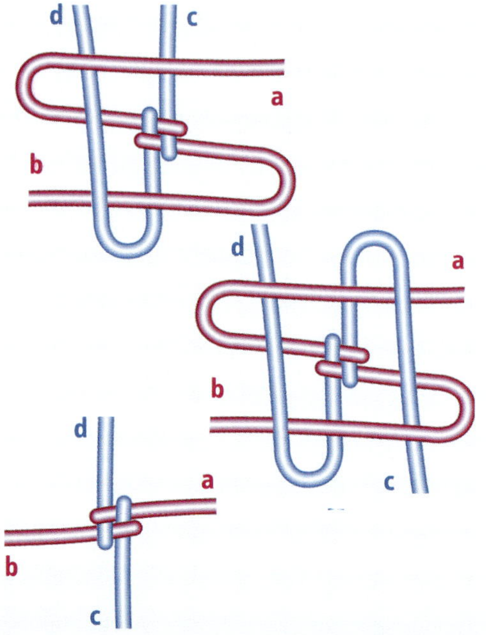

3 Die Bänder a und b diagonal über die Bänder c und d zu Schlaufen legen.

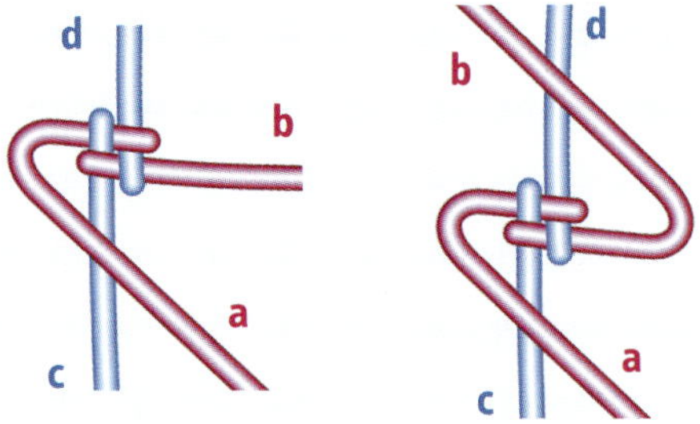

4 Die Bänder c und d in die Schlaufen einfädeln und festziehen. So entsteht ein runder Knoten.

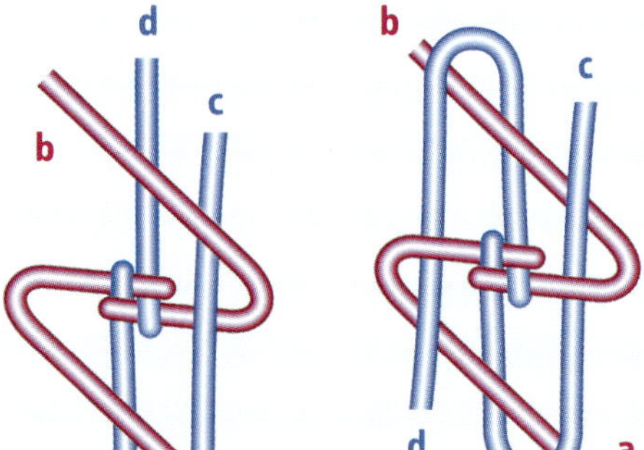

5 Auf dieselbe Art kannst du auch runde Scoubidous mit acht oder 16 Bändern machen. Dafür nimmst du die Bänder doppelt bzw. vierfach, z. B. für das Zebra auf Seite 11 und den blauen Dino auf Seite 13.

Technik 3: Rechteckiges Scoubidou mit sechs Bändern

1 Die Bänder durch Anfang A oder Anfang B miteinander verbinden und gemäß der Abbildung legen. Die Bänder c und e zeigen nach oben, die Bänder d und f nach unten, die Bänder a und b nach links und rechts.

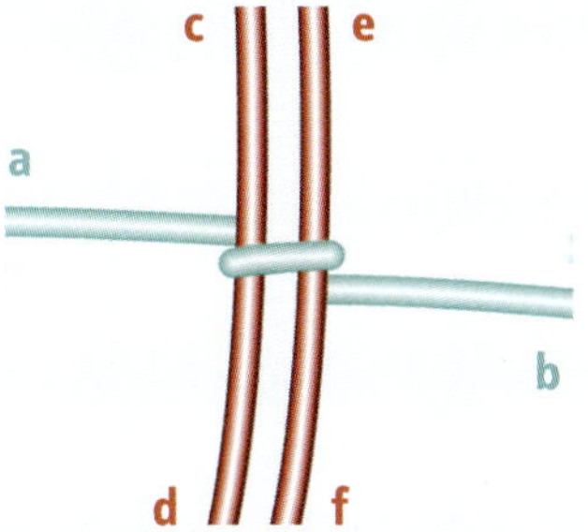

2 Die Bänder a und b über die übrigen Bänder zu Schlaufen legen.

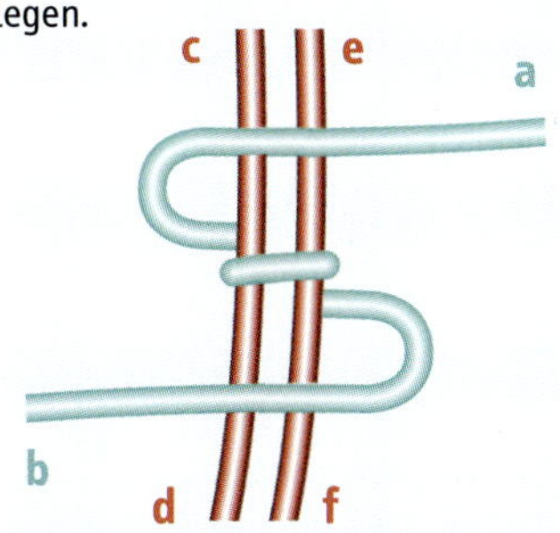

3 Wie beim Weben nun die oberen Bänder c und e und die unteren Bänder d und f in die Schlaufen einflechten.

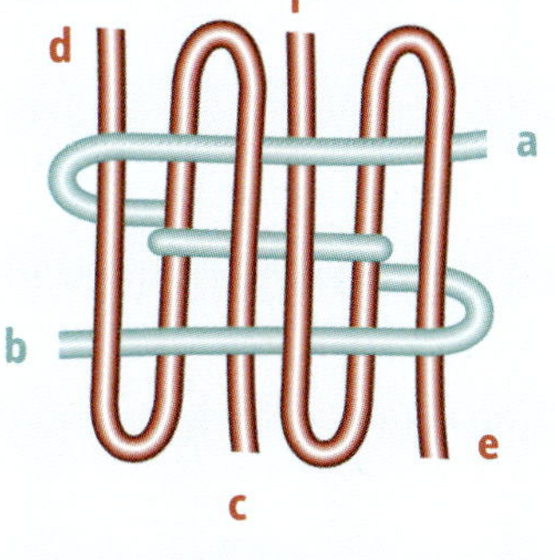

4 Die Bänder festziehen. Es entsteht ein Rechteck aus acht kleinen Karofeldern.

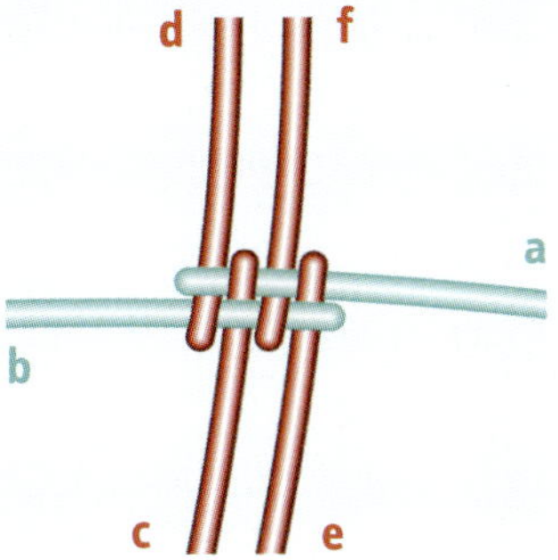

5 Erneut die beiden seitlichen Bänder a und b zu Schlaufen legen und die oberen und unteren Bänder einweben.

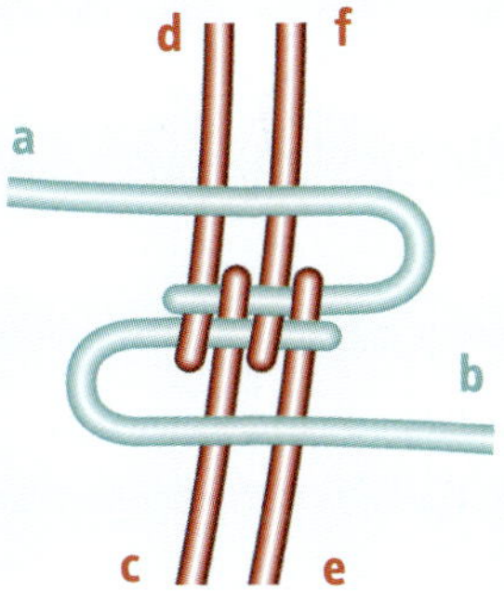

Tipp: **Diese Technik kann man auch mit acht oder zehn Bändern anwenden. Dann musst du zwei bzw. vier weitere Bänder einflechten (z. B. blaues Männchen auf Seite 26 oder Küchenschabe auf Seite 22).**

Technik 4: Quadratisches Scoubidou mit acht Bändern

1 Die Bänder durch Anfang C miteinander verbinden und gemäß der Abbildung legen.

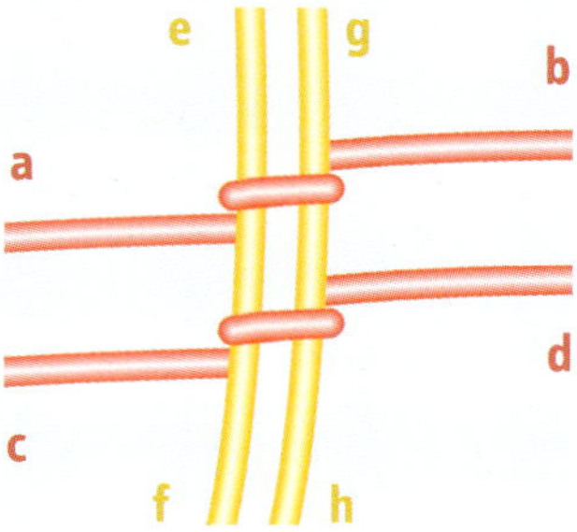

2 Die seitlichen Bänder a, b, c und d über die übrigen Bänder zu Schlaufen legen.

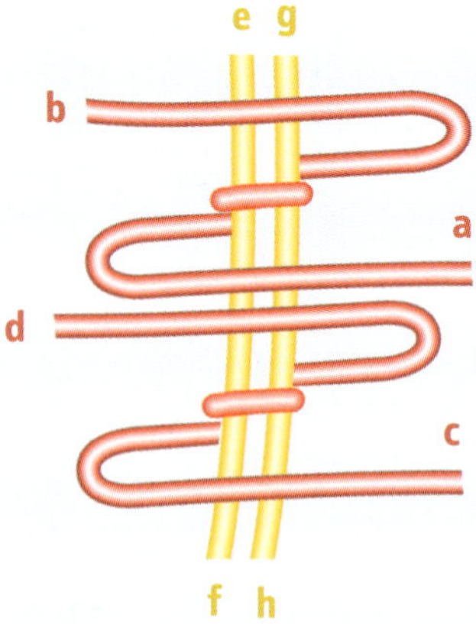

3 Wie beim Weben nun die Bänder e, f, g und h in die Schlaufen einweben.

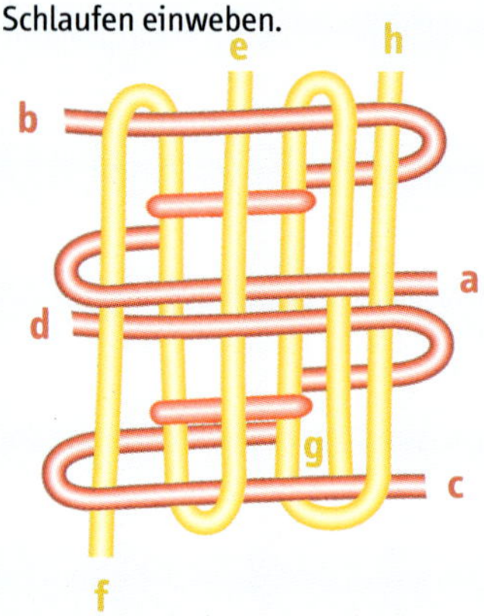

4 Die Bänder festziehen. Es entsteht ein Quadrat aus 16 kleinen Karofeldern.

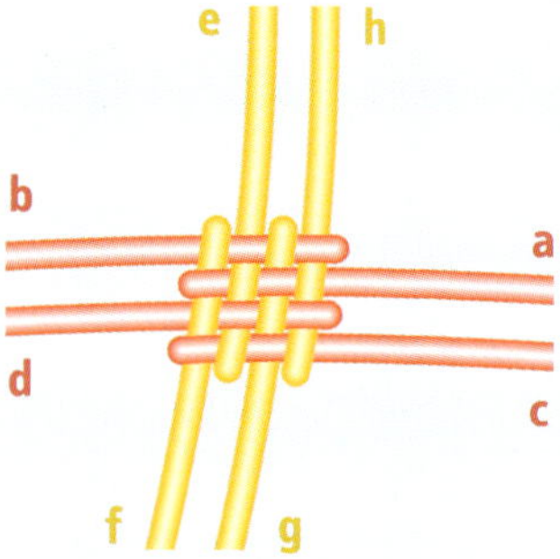

5 Erneut die seitlichen Bänder a, b, c und d zu Schlaufen legen und die Bänder e, f, g und h einweben. Gut festziehen. So bis zur gewünschten Länge fortfahren.

Allgemeine Tipps

- Die Bänder fest anzuziehen ist nicht immer einfach. Ziehe zuerst an allen Bändern möglichst gleichmäßig. Ist das Quadrat oder Rechteck sichtbar, so kannst du stärker ziehen. Manchmal ist es auch notwendig, dass du an einzelnen Bänder stärker ziehst, damit der geflochtene Knoten gleichmäßig wird. Keine Sorge: Die Scoubidoubänder sind sehr robust und reißen nicht so schnell.

- Achte darauf, dass du fettfreie Hände hast, sonst rutschen dir die Bänder aus der Hand und die geknüpften Knoten halten nicht.

- Bei eckigen Scoubidous musst du besonders darauf achten, dass du die Bänder in der richtigen Reihenfolge legst, sonst löst sich der Knoten.

- Die Scoubidoubänder haben einen Hohlraum. In diesen kannst du dünnen Draht einziehen, sodass sich die Bänder biegen lassen. So kannst du Arme, Beine usw. in Form bringen. Außerdem ist es möglich in die Mitte der Knoten ein Stück Draht mit einzuarbeiten, sodass sich das Scoubidouband im Ganzen verbiegen lässt (z. B. das „C" auf Seite 9).

- Wenn du möchtest, kannst du an alle Figuren und Tiere ein Aufhängeband knoten und sie damit an deinem Schlüsselbund, an Taschen, Mäppchen, Handys und mehr befestigen.

- Manche Holzperlen haben eine zu kleine Bohrung. Mithilfe eines Handbohrers kannst du die Öffnung vergrößern.

- Werden Perlen auf Bänder gefädelt, gibst du in die Bohrung der Perle vor dem Auffädeln etwas Klebstoff, schiebst sie auf die Bänder und hältst sie fest, bis der Klebstoff getrocknet ist.

- Reste der Scoubidoubänder kannst du manchmal noch gut verwenden, z. B. für eine Mähne.

- Wackelaugen und kleine Perlen klebst du am besten mithilfe einer Pinzette auf.

- Werden Scoubidoubänder miteinander verknotet um die Anzahl zu reduzieren achte darauf, dass du immer diagonal gegenüberliegende Bänder in der Mitte verknotest. Mit den außen liegenden Bändern wird weitergearbeitet. Wenn Bänder zum Schluss verknotet werden, musst du sie auch diagonal gegenüberliegend verknoten.

Hinweis: **Je nachdem, in welche Richtung die verschieden farbigen Bänder zeigen, entstehen unterschiedliche Muster. In manchen Anleitungen ist angegeben, wie du die Bänder anordnen musst um den gezeigten Farbeffekt zu erzielen.**

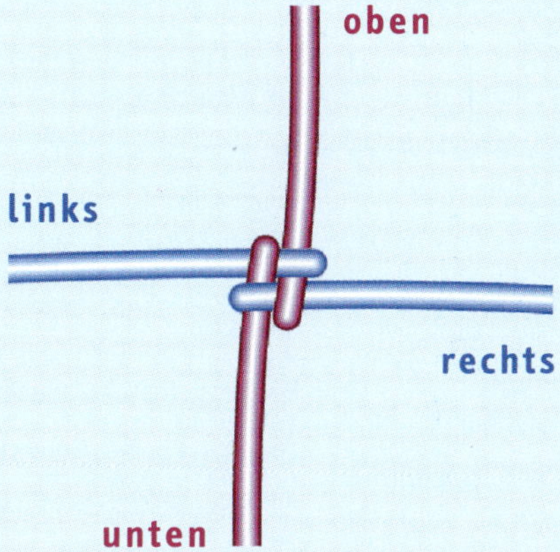

Buchstaben

→ ganz individuell

MATERIAL

A

- 5 Scoubidoubänder in Gelb, 80 cm lang
- Scoubidouband in Orange, 40 cm lang
- 2 Wackelaugen, ø 1 cm

B

- je 2 transparente Scoubidoubänder in Flieder und Lila, 80 cm lang
- 2 transparente Scoubidoubänder in Rosa mit Glitter, 80 cm lang
- Scoubidouband in Blau, 40 cm lang
- 2 Wackelaugen, ø 1 cm

C

- Scoubidouband in Grün und Hellgrün, 80 cm lang
- 2 Wackelaugen, ø 1 cm
- Silberdraht, ø 0,6 mm

A

1 Für den ersten Strang gemäß Anfang B zwei gelbe Bänder ineinander schlingen, dann zwei Knoten in Technik 2 knüpfen. Den nächsten Knoten nur ganz leicht anziehen, einen Bleistift unter ihn schieben, dann den Knoten gut festziehen. Zwei weitere Knoten knüpfen, dann den Stift herausziehen.

2 Anschließend weiter knüpfen, bis eine Länge von 2,5 cm erreicht ist.

3 Dann wieder wie beschrieben einen Bleistift einschieben und weitere 2,5 cm knüpfen.

4 Den Bleistift entfernen, die Bänder diagonal verknoten und abschneiden.

5 Für den zweiten Strang gemäß Anfang B zwei gelbe Bänder ineinander schlingen. 3,5 cm in Technik 2 knüpfen.

6 Vor dem Festziehen des nächsten Knotens einen Bleistift unter diesen schieben, dann den Knoten festziehen. Weitere 2,5 cm knüpfen, dann die Bänder diagonal verknoten und abschneiden.

7 Für den dritten Strang zwei 40 cm lange, gelbe Bänder gemäß Anfang B ineinander schlingen.

8 4,5 cm in Technik 2 knüpfen, dann die Bänder diagonal verknoten und abschneiden.

9 Die fertigen Stränge gemäß der Abbildung ineinander ziehen, dann die Wackelaugen aufkleben. Als Aufhängung das orangefarbene Band anknoten.

B

1 Für den ersten Strang gemäß Anfang B zwei lila Bänder ineinander schlingen und zwei Knoten in Technik 2 knüpfen. Den nächsten Knoten nur leicht anziehen, einen Bleistift unter ihn legen, dann anziehen und 2 cm in Technik 2 knüpfen. Anschließend den Bleistift herausziehen.

2 Nun eine größere Lücke arbeiten. Einen Knoten knüpfen und nur leicht anziehen, unter ihn zwei Bleistifte legen, dann den Knoten fest anziehen. Weitere 2 cm knüpfen, dann die Bleistifte herausziehen.

3 Wie unter 1 beschrieben eine weitere Lücke arbeiten, danach zwei Knoten knüpfen, die Bänder diagonal miteinander verknoten und abschneiden.

4 Für den zweiten und dritten Strang je zwei Bänder in Flieder bzw. Rosa gemäß Anfang B ineinander schlingen und 8,5 cm in

Technik 2 knüpfen. Die Bänder diagonal verknoten und abschneiden.

5 Die Stränge gemäß der Abbildung zusammenfügen und die Wackelaugen aufkleben. Als Aufhängung das blaue Band anknoten.

C

1 Die zwei Bänder gemäß Anfang B ineinander schlingen. Die hellgrünen Bänder zeigen nach oben und unten, die grünen nach rechts und links.

2 Zwei Knoten in Technik 2 knüpfen und in die Mitte der geknüpften Knoten einen 10 cm langen Draht schieben. Auf einer Länge von 10 cm um den Draht herumknüpfen. Anschließend die Bänder diagonal verknoten und abschneiden.

3 Das C formen und zwei Wackelaugen aufkleben.

Tipp: Nach dem Prinzip der gezeigten Buchstaben kannst du das ganze Alphabet knüpfen.

Wilde Tiere

→ ganz zahm

MATERIAL LÖWE

- 8 Scoubidoubänder in Braun, 80 cm lang
- Scoubidouband in Gelb, 80 cm lang
- Holzperle in Gelb, ø 2 cm
- Holzperle in Beige, ø 4 mm
- Holzperle in Beige, ø 6 mm
- 2 Wackelaugen, ø 5 mm
- Silberdraht, ø 0,6 mm

ZEBRA

- je 4 Scoubidoubänder in Weiß, 80 cm und 25 cm lang
- je 4 Scoubidoubänder in Schwarz, 80 cm und 25 cm lang
- je 1 Scoubidouband in Schwarz und Weiß, 2,5 cm lang
- 2 Wackelaugen, ø 5 mm
- Silberdraht, ø 0,6 mm

Löwe

1 Die acht braunen Bänder auf einer Länge von 25 cm verknoten. 2,5 cm in Technik 2 knüpfen, dabei die Bänder doppelt nehmen.

2 Dann die Bänder teilen und aus je vier Bändern in Technik 2 die Vorderbeine knüpfen. Nach zwei Knoten ein 3 cm langes Drahtstück in die Mitte der Knoten stecken und um den Draht auf einer Länge von 2 cm herumknüpfen. Die Bänder verknoten und zusammen mit dem Draht abschneiden.

3 Den Anfangsknoten lösen und die Bänder für die hinteren Beine teilen, auf jeder Seite liegen vier Bänder. Die Hinterbeine genauso wie die Vorderbeine arbeiten.

4 Für den Schwanz ein 3 cm langes, gelbes Scoubidouband mithilfe einer Teppichnadel in den Körper ziehen und auf das Ende die Holzperle kleben.

5 Für die Mähne in das andere Ende des Körpers ein 10 cm langes, gelbes Scoubidouband ziehen und locker verknoten. In den Knoten fünf 4 cm lange, mit Draht versehene, gelbe Scoubidoubänder ziehen und dann den Knoten festziehen.

6 Die große Holzperle auf die beiden 10 cm langen Bänder kleben. Dann die überstehenden Bänder zurechtschneiden.

7 Zum Schluss die Wackelaugen und die kleine Holzperle aufkleben.

Zebra

1 Gemäß Anfang A die vier 80 cm langen, weißen und schwarzen Bänder auf einer Länge von 20 cm zusammenknoten. Je zwei weiße Bänder zeigen nach oben und unten, je zwei schwarze Bänder nach rechts und links.

2 Einen Knoten mit doppelt genommenen Bändern in Technik 2 knüpfen. Den nächsten Knoten nur leicht anziehen. Je zwei 25 cm lange, schwarze und weiße Bänder nach oben zeigend unter den Knoten legen. Mit diesen Bändern werden später der Hals und Kopf des Zebras geknüpft. Dann den Knoten fest anziehen und die Bänder für den Hals mit etwas Band zusammenbinden, damit sie beim Weiterknüpfen nicht stören.

3 In Technik 2 bis auf eine Länge von 2,5 cm weiterknüpfen. Dann die Bänder teilen, sodass auf jeder Seite je zwei weiße und zwei schwarze Bänder liegen. Dabei muss je ein schwarzes Band nach rechts und oben, je ein weißes Band nach links und unten zeigen.

4 Aus den vier Bändern in Technik 1 je ein Hinterbein knüpfen. Dabei nach zwei Knoten ein ca. 2,5 cm langes Stück Draht in die Mitte der Knoten stecken um den Draht herum auf einer Länge von 2 cm knüpfen. Die Bänder verknoten und zusammen mit dem Draht abschneiden.

5 Für die Vorderbeine den Anfangsknoten wieder lösen. Dann die Beine wie unter 3 und 4 beschrieben in Technik 1 arbeiten.

6 Für den Hals und Kopf die vier 25 cm langen Bändern wieder lösen. Je ein schwarzer Faden zeigt nach rechts und oben und je ein weißer Faden nach links und unten. 4 cm in Technik 1 knüpfen, dabei auch hier nach zwei Knoten ein 3,5 cm langes Stück Draht mit einarbeiten. Dann die Bänder verknoten und abschneiden.

7 Mithilfe der Teppichnadel am Hinterteil des Zebras ein 2 cm langes, schwarzes Band als Schwanz einziehen.

8 Den Kopf in Form biegen und zwei Wackelaugen aufkleben. Anschließend in vier weiße und vier schwarze, 2 cm lange Bänder Draht einziehen, diese mithilfe der Teppichnadel als Mähne gemäß der Abbildung durch den Hals des Zebras ziehen und nach oben biegen.

Zwei Dinosaurier

→ Grüße aus der Urzeit

MATERIAL GRÜNER DINO

- 8 Scoubidoubänder in Hellgrün, 80 cm lang
- 7 Scoubioubänder in Hellgrün, 40 cm lang
- 2 Wackelaugen, ø 6 mm
- Silberdraht, ø 0,6 mm

BLAUER DINO

- 16 transparente Scoubidoubänder in Blau mit Glitter, 1 m lang
- 2 Wackelaugen, ø 6 mm
- Silberdraht, ø 1 mm
- Schmuckdraht in Türkis, ø 0,6 mm

Grüner Dino

1 Gemäß Anfang A die acht 80 cm langen Bänder auf einer Höhe von 20 cm miteinander verknoten. Den ersten Knoten in Technik 2 mit doppelt genommenen Bändern knüpfen. Den nächsten Knoten nur leicht anziehen, unter ihn nach oben zeigend vier 40 cm lange Bänder, die später den Hals und Kopf ergeben, legen. Diese mit einen Stück Band zusammenbinden, damit sie beim Weiterknüpfen nicht stören. Dann den Knoten fest anziehen.

2 2,5 cm in Technik 2 knüpfen. Für den Schwanz unter den leicht angezogenen, letzten Knoten mittig drei 40 cm lange Bänder legen, sodass je 20 cm auf beiden Seiten herausschauen und diese mit einem Stück Band zusammenbinden.

3 Für die Hinterbeine die acht Bänder in zweimal vier Bänder teilen und in Technik 2 einen Knoten knüpfen. In dessen Mitte ein 1,5 cm langes Stück Draht stecken und um dieses herum 1,5 cm knüpfen. Das zweite Hinterbein genauso arbeiten.

4 Den Anfangsknoten lösen, die Bänder in zweimal vier teilen und die Vorderbeine genauso wie die Hinterbeine arbeiten. Sie sind 3 cm lang.

5 Den Knoten in den vier Bändern für den Hals und Kopf lösen und einen Knoten in Technik 1 knüpfen. Ein 6 cm langes Stück Draht in die Mitte des Knotens stecken und 6 cm in Technik 1 knüpfen. Anschließend die Bänder diagonal verknoten und abschneiden.

6 Die Bänder für den Schwanz losbinden, einen Knoten in Technik 3 knüpfen, ein 4 cm langes Stück Draht in die Mitte des Knotens stecken und 1 cm weiterknüpfen. Anschließend zwei Bänder diagonal verknoten und in Technik 2 bis auf eine Länge von 2,5 cm weiterknüpfen. Die Bänder diagonal verknoten und abschneiden.

7 Die Beine, den Schwanz und den Hals in Form biegen und die Wackelaugen aufkleben.

Blauer Dino

1 Gemäß Anfang A die 16 Bänder auf einer Länge von 30 cm zusammenknoten. Die Bänder vierfach nehmen und 3 cm in Technik 2 knüpfen.

2 Acht Bänder mit einem Stück Band zusammenbinden, damit sie beim Weiterknüpfen nicht stören. Sie werden später zum Schwanz.

3 Die übrigen acht Bänder in zweimal vier Bänder teilen und die Hinterbeine bis auf eine Länge von 2,5 cm in Technik 2

knüpfen. Nach dem ersten Knoten ein 3 cm langes Drahtstück in die Mitte des Knotens stecken und um diesen herum 3 cm knüpfen. Anschließend die Bänder diagonal verknoten und samt Draht abschneiden.

4 Den Knoten in den acht Bändern für den Schwanz lösen. Die Bänder doppelt nehmen und 1,5 cm in Technik 2 knüpfen. Dann zweimal zwei Bänder diagonal verknoten und abschneiden. Mit den restlichen vier Bändern 3 cm in Technik 2 weiterknüpfen. Anschließend die Bänder diagonal verknoten und abschneiden.

5 Den Anfangsknoten lösen und wie unter Punkt 3 beschrieben die Vorderbeine arbeiten, sie sind 1,5 cm lang.

6 Die acht Bänder für Hals und Kopf lösen, zweimal zwei Bänder von außen miteinander verknoten und abschneiden. In Technik 2 mit den restlichen vier Bändern 1,5 cm knüpfen. Den nächsten Knoten nur leicht anziehen und zwei 10 cm lange, blaue Bänder mittig unter ihn legen, sodass je 5 cm nach links und rechts zeigen. Dann den Knoten anziehen. Mit den acht Bändern noch zwei Knoten in Technik 2 knüpfen, dann diagonal verknoten und abschneiden.

7 17 cm lange Stücke Schmuckdraht mithilfe einer Teppichnadel durch den Rücken des Dinos ziehen und gemäß der Abbildung in Form schneiden. Dann die Wackelaugen aufkleben.

Freche Gespenster

→ schaurig schön

MATERIAL NEONFARBENES GESPENST

- 2 Scoubidoubänder in Neongrün, 80 cm lang
- 2 Scoubidoubänder in Neongelb, 40 cm lang
- 10 Rocailles in Silber, ø 2,6 mm
- Perle in Silber, ø 8 mm
- Nylonfaden
- Silberdraht, ø 0,6 mm

WEIßES GESPENST

- 2 Scoubidoubänder in Weiß, 80 cm lang
- 2 Scoubidoubänder in Weiß, 40 cm lang
- 10 Rocailles in Silber, ø 2,6 mm
- Perle in Silber, ø 8 mm
- Nylonfaden
- Silberdraht, 0,6 mm

Neonfarbenes Gespenst

1 Gemäß Anfang B die beiden neongrünen Bänder ineinander schlingen und einen Knoten in Technik 1 knüpfen.

2 Den nächsten Knoten nur leicht anziehen, einen Bleistift unter ihn legen, dann den Knoten festziehen. Zwei weitere Knoten knüpfen und den Bleistift entfernen. In die Mitte der Knoten ein 8 cm langes Stück Draht stecken. 8 cm in Technik 1 um den Draht herum knüpfen.

3 Dann die nächste Lücke wie unter Punkt 2 beschrieben arbeiten. Die Bänder diagonal verknoten und zusammen mit dem Draht abschneiden.

4 Die neongelben Bänder gemäß Anfang B ineinander schlingen und 3,5 cm in Technik 2 knüpfen. Dann die Bänder diagonal verknoten und abschneiden.

5 Das Gespenst gemäß der Abbildung formen und das gelbe Scoubidou durch die Lücken des grünen Scoubidous stecken. Durch das gelbe Scoubidou mithilfe einer Teppichnadel 20 cm Nylonfaden ziehen, darauf die Rocailles und die Silberperle ziehen. Den Nylonfaden durch die Rocailles zurückführen, dabei die Silberperle überspringen. Die Nylonfäden miteinander verknoten und abschneiden, dann die Wackelaugen aufkleben.

Weißes Gespenst

Das weiße Gespenst wird genauso wie das neonfarbene, allerdings in Technik 2 und mit weißen Bändern, geknüpft.

Bunte Unterwasserwelt

→ zwei Freunde

Meerjungfrau

1 Die lila und rosa Bänder gemäß Anfang A auf einer Länge von 15 cm verknoten. Je zwei rosa Bänder zeigen nach links und rechts, je zwei lila Bänder nach oben und unten. Mit doppelt genommenen Bändern arbeiten.

2 Einen Knoten in Technik 2 knüpfen und in die Mitte des Knotens ein 8 cm langes Stück Draht stecken. Bis zum Schluss um den Draht herum knüpfen.

3 2 cm knüpfen, dann zwei lila Bänder miteinander verknoten und abschneiden. Sechs Bänder bleiben übrig. In Technik 3 weitere Knoten auf einer Länge von 2 cm knüpfen. Zwei rosa Bänder diagonal miteinander verknoten und abschneiden. Es bleiben vier Bänder übrig.

4 In Technik 2 weiter knüpfen, bis eine Länge von 3 cm erreicht ist.

5 In die Bänder 3 cm Draht einziehen und auf 2 cm kürzen. Dann mit einem Stück Band zusammenbinden.

6 Den Anfangsknoten wieder lösen. Je zwei rosa und zwei lila Bänder leicht miteinander verknoten, zwischen sie mittig zwei 9 cm lange, lila, mit Draht versehene Bänder als Arme legen. Die Knoten festziehen, die Bänder abschneiden.

7 In die übrigen beiden rosa und lila Bänder 15 cm Draht ziehen, die Holzperle aufziehen und festkleben. Die Bänder auf eine Länge von 7 cm kürzen, dann eine Schmuckperle aufziehen.

8 Die Wackelaugen und die rote Perle auf die Holzperle kleben. Auf die Arme die Schmuckperlen kleben, dann die Meerjungfrau in Form biegen.

Seepferdchen

1 Alle Bänder gemäß Anfang A auf einer Länge von 25 cm miteinander verknoten. Mit doppelt genommenen Bändern in Technik 2 den ersten Knoten knüpfen.

2 In die Mitte des Knotens einen 13 cm langen Draht stecken, er steht oben 2 cm über den Knoten heraus. Um den Draht herum 3,5 cm knüpfen.

3 Zwei Bänder diagonal miteinander verknoten und abschneiden. Mit den sechs übrigen Bändern 1,5 cm in Technik 3 weiterknüpfen.

4 Wieder zwei Bänder diagonal miteinander verknoten und abschneiden. In Technik 2 mit den vier übrigen Bändern 5 cm knüpfen.

5 Drei Bänder diagonal miteinander verknoten und abschneiden. In das vierte Band 5 cm Draht ziehen und es dann auf 3 cm kürzen.

6 Den Anfangsknoten wieder lösen, zweimal zwei diagonal gegenüberliegende Bänder miteinander verknoten und abschneiden. Mit vier Bändern 2 cm in Technik 2 knüpfen, dann die Bänder abschneiden. Das Seepferdchen im Form biegen und die Wackelaugen aufkleben.

MATERIAL MEER-JUNGFRAU

- 4 transparente Scoubidoubänder in Lila mit Glitter, 1 m lang
- 4 transparente Scoubidoubänder in Rosa mit Glitter, 1 m lang
- je 1 Schmuckperle in Rosa, Flieder und Pink mit Glitter, ø 1 cm
- Rohholzperle, ø 2 cm
- Holzperle in Rot, ø 4 mm
- 2 Wackelaugen, oval, 8 mm hoch
- Silberdraht, ø 1 mm

SEE-PFERD-CHEN

- 8 Scoubidoubänder in Orange, 1 m lang
- 2 Wackelaugen, ø 5 mm
- Silberdraht, ø 1 mm

Witzige Serviettenringe

→ tolle Idee

Tiger

1 Die Bänder gemäß Anfang A auf einer Länge von 5 cm zusammenknoten. Je ein orangefarbenes Band zeigt nach oben und rechts, je ein gelbes Band nach links und unten.

2 In Technik 1 zwei Knoten knüpfen, in die Mitte der Knoten einen 13 cm langen Draht stecken. Um diesen herum 13 cm knüpfen.

3 Den Anfangsknoten öffnen. Die jeweils gegenüberliegenden Bandenden gleicher Farbe miteinander verknoten, sodass ein Kreis entsteht. Die Enden abschneiden.

4 Die Teile aus Moosgummi ausschneiden, bemalen und dann aufkleben. Auf den Kopf die Wackelaugen, die schwarze Holzperle und sechs 3 cm lange, schwarze Bänder als Schnurrhaare kleben.

Tipp: Um die Vorlagen auf Moosgummi zu übertragen, paust du sie mit Bleistift auf Transparentpapier ab. Dieses klebst du auf Pappe, schneidest die Formen aus, legst sie auf das Moosgummi und fährst die Konturen mit einem Kugelschreiber nach.

Bär

1 Die vier braunen Bänder gemäß Anfang A auf einer Länge von 5 cm zusammenknoten. Zwei Knoten in Technik 2 knüpfen. Einen 13 cm langen Draht in die Mitte der Knoten stecken und 13 cm um den Draht herumknüpfen. Den Anfangsknoten wieder lösen. Anschließend die Bänder wie beim Tiger beschrieben miteinander verknoten, sodass ein Kreis entsteht.

2 Die Teile aus Moosgummi ausschneiden und bemalen. Die Schnauze und die Wackelaugen auf den Kopf kleben, diesen und die Tatzen dann auf das Band kleben.

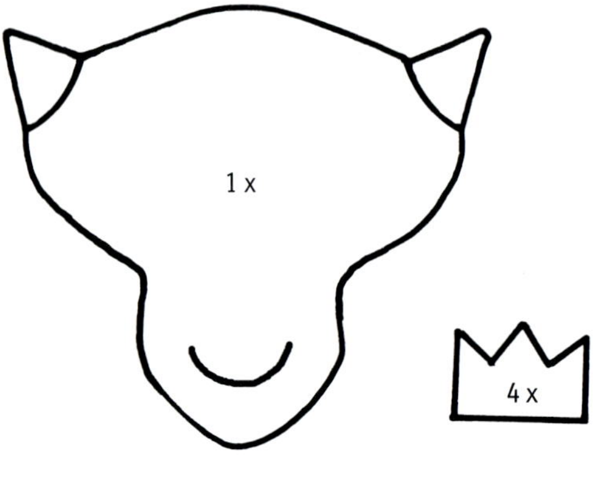

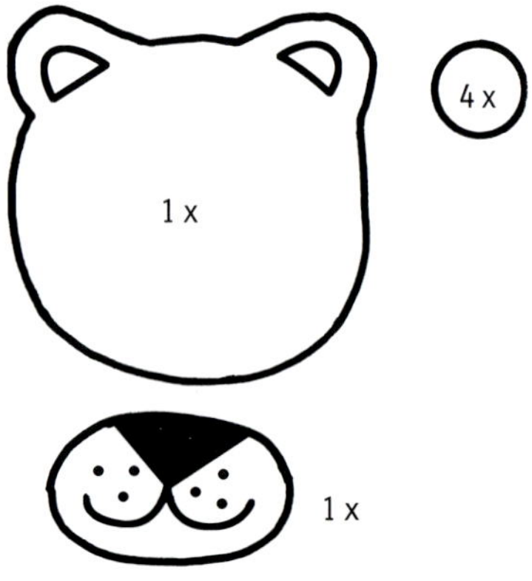

MATERIAL

TIGER

- 2 Scoubidoubänder in Gelb, 80 cm lang
- 2 transparente Scoubidoubänder in Orange mit Glitter, 80 cm lang
- Scoubidoureste in Schwarz
- Moosgummireste in Gelb und Orange
- Holzperle in Schwarz, ø 6 mm
- 2 Wackelaugen, ø 1 cm
- wasserfester Filzstift in Schwarz
- Silberdraht, ø 0,6 mm

BÄR

- 4 Scoubidoubänder in Braun, 80 cm lang
- Moosgummireste in Beige und Braun
- 2 Wackelaugen, ø 1 cm
- wasserfester Filzstift in Schwarz
- Silberdraht, ø 0,6 mm

SIEMENS

Fröhlicher Fischschwarm

→ schillernd und glitzernd

MATERIAL PRO FISCH

- je 2 transparente Scoubidoubänder in Rot oder Blau mit Glitter, 80 cm lang oder in Grün mit Glitter, 60 cm lang
- Scoubidoureste in Rot oder Schwarz
- Wackelauge, ø 6 mm

1 Die Bänder gemäß Anfang B ineinander schlingen und 2 cm in Technik 2 knüpfen (für den grünen Fisch 1,5 cm).

2 Den nächsten Knoten nur leicht anziehen, einen Bleistift unter ihn legen, dann festziehen. Drei weitere Knoten knüpfen und den Bleistift entfernen.

3 9,5 cm (für den grünen Fisch 7,5 cm) weiterknüpfen, dann die Bänder miteinander diagonal verknoten und abschneiden.

4 Das Ende durch die Öffnung stecken, das Wackelauge und den Mund aus rotem bzw. schwarzem, ca. 1,5 cm langem Band, aufkleben. Aus 15 cm langen Resten eventuell eine Aufhängeband an die Fische schlingen.

Lauter Krabbeltiere

→ witzige Insekten

Spinne

1 Die 40 cm langen Bänder gemäß Anfang A auf einer Länge von 10 cm zusammenknoten und einen Knoten in Technik 3 knüpfen.

2 In die vier 7 cm langen Bänder Draht einziehen. Dann den nächsten Knoten nur leicht anziehen und eines der 7 cm langen Bänder mittig unter ihn legen. Fest anziehen, diesen Arbeitsschritt noch dreimal wiederholen, bis alle Beine eingearbeitet sind.

3 Danach zwei diagonal gegenüberliegende Bänder miteinander verknoten und abschneiden.

4 Mit den vier restlichen Bändern einen weiteren Knoten in Technik 2 knüpfen, diese dann miteinander diagonal verknoten und abschneiden.

5 Den Anfangsknoten wieder öffnen, zwei diagonal einander gegenüberliegende Bänder miteinander verknoten, dann abschneiden. Mit den vier restlichen Bändern einen Knoten in Technik 2 knüpfen, dann nochmals zwei Bänder diagonal miteinander verknoten.

6 Die Perle auf die restlichen beiden Bänder kleben.

7 Die Wackelaugen aufkleben und die Beine in Form biegen.

Lauter Krabbeltiere

Küchenschabe

1 In die drei kurzen Bänder Draht ziehen. Die langen Bänder gemäß Anfang A auf einer Länge von 10 cm zusammenknoten.

2 Einen Knoten in Technik 3 mit acht Bändern knüpfen. Den nächsten Knoten nur leicht anziehen, unter ihn mittig ein 5 cm langes Band legen, dann den Knoten festziehen. Einen weiteren Knoten knüpfen. Wieder ein Bein arbeiten, einen weiteren Knoten knüpfen.

3 Zwei einander diagonal gegenüberliegende Bänder miteinander verknoten und abschneiden. Dann mit den sechs Bändern einen Knoten in Technik 3 knüpfen, wieder zwei Bänder miteinander verknoten und abschneiden.

4 Mit den restlichen vier Bändern in Technik 1 einen Knoten knüpfen, wieder zwei Bänder diagonal miteinander verknoten und abschneiden.

5 Die restlichen beiden Bänder auf 2 cm kürzen und Draht einziehen.

6 Den Anfangsknoten wieder öffnen und zwei einander diagonal gegenüberliegende Bänder miteinander verknoten, dann abschneiden. Mit den sechs restlichen Bändern einen Knoten in Technik 3 knüpfen. Wieder zwei Bänder miteinander verknoten und abschneiden.

7 Mit den restlichen vier Bändern einen Knoten in Technik 1 arbeiten, nur leicht anziehen und unter ihn ein 5 cm langes Band legen. Den Knoten dann festziehen, die restlichen Bänder miteinander verknoten und abschneiden.

8 Die Wackelaugen aufkleben und die Beinchen im Form biegen.

Marienkäfer

1 In die drei 5 cm langen Bänder Draht einziehen. Gemäß Anfang A die roten und schwarzen Bänder auf einer Länge von 10 cm zusammenknoten. Je ein rotes Band zeigt nach oben und unten. Je drei Bänder, zwei rote und ein schwarzes, zeigen nach links und rechts, dabei liegen die schwarzen Bänder zwischen den roten Bändern.

2 In Technik 3, jedoch mit acht Bändern, einen Knoten knüpfen.

3 Den nächsten Knoten leicht festziehen, mittig ein kurzes, schwarzes Band unter ihn legen, dann anziehen. Diesen Schritt noch zweimal wiederholen, bis alle Beinchen eingearbeitet sind.

4 Je ein linkes und rechtes, rotes Band diagonal miteinander verknoten und abschneiden. Mit sechs Bändern einen Knoten in Technik 3 knüpfen, wieder je ein linkes und rechtes, rotes Band diagonal miteinander verknoten und abschneiden.

5 Mit den restlichen vier Bändern eine Knoten in Technik 1 knüpfen, die zwei roten Bänder miteinander verknoten und abschneiden.

6 In die zwei schwarzen Bänder 3 cm Draht einziehen, die Holzperlen aufkleben, dann die Bänder auf 1,5 cm kürzen. Die Rocaille und die Wackelaugen aufkleben. Den Anfangsknoten wieder öffnen und wie unter 4 und 5 beschrieben arbeiten. Die zwei schwarzen Bänder verknoten und abschneiden.

7 Fühler und Beine in Form biegen und die Pailletten aufkleben.

MATERIAL SPINNE

- 6 Scoubidoubänder in Schwarz, 40 cm lang
- 4 Scoubidoubänder in Schwarz, 7 cm lang
- 2 Wackelaugen, ø 4 mm
- Holzperle in Schwarz, ø 2 cm
- Silberdraht, ø 0,6 mm

KÜCHEN-SCHABE

- 8 Scoubidoubänder in Orange, 40 cm lang
- 3 Scoubidoubänder in Orange, 5 cm lang
- 2 Wackelaugen, ø 6 mm
- Silberdraht, ø 0,6 mm

MARIEN-KÄFER

- 6 Scoubidoubänder in Rot, 40 cm lang
- 2 Scoubidoubänder in Schwarz, 40 cm lang
- 3 Scoubidoubänder in Schwarz, 5 cm lang
- Holzperle in Schwarz, ø 1 cm
- 2 Wackelaugen, ø 5 mm
- 2 Pailletten in Schwarz, ø 5 mm
- Rocaille in Rot, ø 2,6 mm
- Silberdraht, ø 0,6 mm

Grille und Ameise

→ das große Krabbeln

MATERIAL
GRILLE

- 2 transparente Scoubidoubänder in Gelb mit Glitter, 80 cm lang
- 2 transparente Scoubidoubänder in Grün mit Glitter, 1 x 15 cm, 1 x 12 cm, 1 x 6 cm und 1 x 5 cm lang
- 3 Schmuckperlen in Grün, ø 1 cm
- Holzperle in Grün, ø 2 cm
- 8 Rocailles in Hellgrün, ø 5 mm
- 2 Wackelaugen, oval, 8 mm hoch

AMEISE

- 2 transparente Scoubidoubänder in Orange mit Glitter, 80 cm lang
- 3 transparente Scoubidoubänder in Orange mit Glitter, 7 cm lang
- 2 Großraumlochperlen aus Holz in Dunkelbraun, ø 1 cm
- Rohholzperle, ø 2 cm
- 2 Wackelaugen, ø 5 mm
- Silberdraht, ø 0,6 mm

Grille

1 In die kurzen Bänder Draht ziehen. Gemäß Anfang B die langen Bänder ineinander schlingen und einen Knoten in Technik 1 knüpfen.

2 Den nächsten Knoten nur leicht anziehen, das 5 cm lange Band mittig unter ihn legen, dann den Knoten zuziehen. Einen Knoten knüpfen. Über alle Bänder eine Schmuckperle ziehen. Einen weiteren Knoten knüpfen.

3 Schritt 2 noch zweimal wiederholen, dabei darauf achten, dass die Bänder immer länger werden.

4 Einen Knoten knüpfen, beim nächsten Knoten das 15 cm lange Band einarbeiten. Noch einen Knoten knüpfen, dann zwei Bänder diagonal miteinander verknoten und abschneiden.

5 Die restlichen beiden Bänder auf 7 cm kürzen und Draht einziehen. Die grüne Holzperle auffädeln und festkleben. Die Bänder auf 4 cm kürzen und über einem Zahnstocher zu Kringeln formen.

6 Die Wackelaugen aufkleben und die Rocailles an die Beine kleben.

Ameise

1 In die kurzen Bänder Draht ziehen. Gemäß Anfang B die beiden langen Bänder miteinander verschlingen. Zwei Knoten in Technik 2 knüpfen. Den nächsten Knoten nur leicht anziehen, ein 7 cm langes Band mittig unter ihn legen, dann den Knoten anziehen.

2 Den nächsten Knoten knüpfen, dann über alle Bänder eine braune Holzperle ziehen. Einen weiteren Knoten knüpfen. Unter dem nächsten Knoten das zweite, 7 cm lange Band einarbeiten, dann wieder einen Knoten knüpfen und wieder eine Holzperle über die Bänder ziehen.

3 Einen weiteren Knoten knüpfen, das nächste, 7 cm lange Band einarbeiten, wieder einen Knoten knüpfen und dann zwei Bänder diagonal miteinander verknoten und abschneiden.

4 In die beiden restlichen Bänder Draht ziehen. Die Holzperle auf die beiden Bänder ziehen und festkleben. Die Bänder auf 1,5 cm kürzen, dann die Wackelaugen aufkleben und die Beine und Fühler formen.

Witzige Männchen

→ vielseitig einsetzbar

MATERIAL BLAUES MÄNNCHEN

- 10 Scoubidoubänder in Blau, 80 cm lang
- je 2 Schmuckperlen in Dunkelblau und in Hellblau mit Glitter, ø 1 cm
- Holzperle in Blau, ø 1,5 cm
- Holzperle in Rot, ø 4 mm
- 2 Wackelaugen, ø 5 mm

GELBES MÄNNCHEN

- je 2 Scoubidoubänder in Gelb und Weiß, 40 cm lang
- 2 transparente Scoubidoubänder in Farblos mit Glitter, 10 cm lang
- Holzperle in Gelb, ø 2 cm
- 2 Wackelaugen, ø 5 mm
- Rocaille in Schwarz, ø 2,6 mm
- 4 Saugnäpfe, ø 1,5 cm

Blaues Männchen

1 Gemäß Anfang A die zehn Bänder auf einer Länge von 10 cm zusammenknoten. Ein Band zeigt nach rechts, eines nach links, vier nach oben und unten.

2 In Technik 3 anstatt mit sechs mit zehn Bändern 1,5 cm knüpfen.

3 Die Bänder aufteilen, sodass auf jeder Seite links und rechts fünf Bänder liegen. Auf der rechten und linken Seite hängen lassen, daraus entstehen später die Arme. 2 cm in Technik 2 knüpfen. Dann zwei Bänder diagonal verknoten und abschneiden. Auf die übrigen zwei Bänder eine dunkelblaue Schmuckperle kleben. Auf der anderen Seite ebenso verfahren.

4 Den Anfangsknoten lösen. Die beiden äußeren Bänder für die Arme hängen lassen. Zweimal zwei Bänder diagonal miteinander verknoten und abschneiden, ein Band ohne Verknoten abschneiden.

5 In die drei übrigen Bänder Draht ziehen und darauf die blaue Holzperle kleben. Die Scoubidoubänder über einem Zahnstocher zu Kringeln drehen. Die Wackelaugen und die rote Holzperle aufkleben.

6 Die vier Bänder, die jetzt noch links und rechts herunterhängen, auf 2,5 cm kürzen und gemäß der Abbildung die hellblauen Perlen aufkleben.

Gelbes Männchen

1 In die transparenten Bänder Draht einziehen. Die gelben und weißen Bänder gemäß Anfang A auf einer Länge von 10 cm zusammenknoten. Die gelben Bänder zeigen nach rechts und links, die weißen Bänder nach oben und unten. 1 cm in Technik 1 knüpfen. Den nächsten Knoten nur leicht anziehen, ein transparentes Band mittig unter ihn legen, dann den Knoten zusammenziehen.

2 Weitere 2 cm knüpfen, anschließend unter den nächsten Knoten wieder ein transparentes Band einarbeiten. Den Knoten anziehen und noch 1 cm knüpfen. Die vier Bänder diagonal verknoten und abschneiden.

3 Den Anfangsknoten öffnen, die zwei weißen Bänder miteinander verknoten und dann abschneiden. Über die beiden gelben Bänder die gelbe Holzperle ziehen, festkleben, dann die Bänder zu einer Schleife binden. Die Wackelaugen aufkleben und die Saugnäpfe an die transparenten Bänder knoten.

Nette Außerirdische

→ direkt vom Mars

MATERIAL RUNDER AUSSERIRDISCHER

- je 2 Scoubidoubänder in Rosa, Lila und Lila transparent mit Glitter, 80 cm lang
- 12 Holzperlen in Dunkelrosa, ø 8 mm
- Rocaille in Rosa, ø 2,6 mm
- 2 Wackelaugen, oval, 8 mm hoch
- Silberdraht, ø 0,6 mm stark

AUSSERIRDISCHER IN LILA UND HELLBLAU

- je 2 Scoubidoubänder in Hellblau und Lila, 80 cm lang
- 2 Scoubidoubänder in Rosa, 12 cm lang
- Scoubidoureste in Rot transparent mit Glitter
- Holzperle in Rosa, ø 2 cm und in Lila, ø 6 mm
- 2 Wackelaugen, oval, 8 mm hoch
- Silberdraht, ø 0,6 mm

Runder Außerirdischer

1 Die Bänder gemäß Anfang A auf einer Länge von 5 cm zusammenknoten. Je ein rosa Band zeigt nach rechts und links, je drei lila Bänder nach oben und unten.

2 1,5 cm in Technik 3 mit acht Bändern knüpfen. Dann die Bänder so aufteilen, dass auf jeder Seite insgesamt vier Bänder, also ein rosa Band und drei lila Bänder, liegen.

3 Mit den vier Bändern 2,5 cm in Technik 2 knüpfen. Den nächsten Knoten nur leicht anziehen und unter ihn einen Bleistift schieben. Den Knoten fest anziehen, zwei weitere Knoten knüpfen, dann den Bleistift entfernen. Weitere 2,5 cm knüpfen, dann die lila Bänder verknoten und abschneiden. Ein rosa Band ebenfalls abschneiden.

4 Mit den vier Bändern auf der anderen Seite ebenso verfahren.

5 Die beiden übrigen, rosa Bänder zur Schleife binden, so schließt sich das Scoubidou zum Kreis.

6 Den Anfangsknoten wieder öffnen, in die Bänder Draht ziehen und dann zum Formen der Locken um einen Zahnstocher wickeln. Auf deren Enden die Holzperlen kleben. Die Wackelaugen und die Rocaille aufkleben.

7 Dann das Scoubidou mit Glitter knüpfen, dazu die Bänder gemäß Anfang A auf einer Höhe von 5 cm mittig zusammenknoten. 7,5 cm in Technik 2 knüpfen, dann das Scoubidou gemäß der Abbildung durch die Lücken im runden Scoubidou ziehen. Den Anfangsknoten lösen. Auf jeder Seite zwei Bänder miteinander verknoten und abschneiden. Auf die anderen beiden Bänder je eine Holzperle ziehen, dann miteinander verknoten und abschneiden.

Außerirdischer in Lila und Hellblau

1 Die Bänder gemäß Anfang C ineinander schlingen. Je zwei lila Bänder zeigen nach rechts und links, je zwei blaue Bänder nach oben und unten. 1 cm in Technik 4 knüpfen.

2 In die beiden rosa Bänder für die Arme und Beine Draht ziehen. Den nächsten Knoten nur leicht anziehen, eines der rosa Bänder mittig unter ihn legen, dann den Kno-

ten zusammenziehen. Weitere 2,5 cm knüpfen. Unter den nächsten Knoten wieder ein rosa Band einarbeiten.

3 1 cm knüpfen, dann die vier blauen Bänder diagonal miteinander verknoten und abschneiden. In die lila Bänder den Draht ziehen, darauf die rosa Holzperle fädeln, dann die Bänder über einem Zahnstocher zu Locken drehen.

4 Die Wackelaugen, die kleine, lila Perle und den Mund aus rotem Scoubidouband aufkleben. Die rosa Bandenden gemäß der Abbildung verknoten.

Sag's mit Herz

→ Scoubidou-Mädchen

MATERIAL

- 4 Scoubidoubänder in Neongrün, 1 m lang
- je 2 Scoubidoubänder in Blau, Gelb, Grün und Rosa, 40 cm lang
- Scoubidourest in Rot, 1,5 cm lang
- Plastikherz mit Bohrung in Rot, 2,5 cm x 2,5 cm
- Rohholzperle, ø 2 cm
- Holzperle in Schwarz, ø 8 mm
- 2 Wackelaugen mit Wimpern, ø 1 cm
- Nylonfaden, 10 cm lang
- Silberdraht, ø 0,6 mm

1 Die vier neongrünen Bänder gemäß Anfang A auf einer Länge von 15 cm zusammenknoten, dann 12 cm in Technik 2 knüpfen.

2 Den Anfangsknoten wieder lösen, die Holzperle über alle Bänder ziehen und festkleben. In die Bänder Draht ziehen, dann über einem Zahnstocher zu Locken drehen.

3 Die Arme und Beine anfertigen. Dazu die Bänder gemäß Anfang B ineinander schlingen. Für die Arme 2 cm, für die Beine 3 cm in Technik 2 knüpfen.

4 Die Gliedmaßen mit den überstehenden Enden gemäß der Abbildung an den Körper knoten. Die überstehenden Bänder abschneiden. Das Herz auf Nylonfaden ziehen und in die fertige Figur knoten. Die Wackelaugen, die schwarze Holzperle und den Mund aus dem roten Scoubidouband aufkleben.

Kleines Monster

→ frech und verrückt

MATERIAL

- je 2 Scoubidoubänder in Gelb und Rot, 80 cm lang
- 3 Scoubidoubänder in Schwarz, 10 cm lang
- je 2 Holzperlen in Schwarz, ø 8 mm und ø 1 cm
- 2 Wackelaugen, ø 1 cm

1 In die beiden 10 cm langen, schwarzen Bänder Draht einziehen. Die gelben und roten Bänder gemäß Anfang A auf einer Länge von 5 cm zusammenknoten. Je ein gelbes Band zeigt nach oben und unten, je ein rotes nach rechts und links.

2 2,5 cm in Technik 1 knüpfen. Den nächsten Knoten nur leicht anziehen, einen Bleistift unter ihn legen, dann den Knoten zusammenziehen. Zwei weitere Knoten knüpfen, dann den Bleistift entfernen.

3 Weitere 6 cm knüpfen, den nächsten Knoten nur leicht anziehen. Unter ihn die beiden 10 cm langen, schwarzen, mit Draht versehenen Scoubidoubänder legen. Sie dürfen nur oben herausschauen, das untere Ende verschwindet unter dem Knoten.

WEITERFÜHRUNG

Kleines Monster

4 Weitere 8,5 cm knüpfen, dann die gelben Bänder miteinander verknoten und abschneiden. Den Anfangsknoten lösen und auch hier die gelben Bänder miteinander verknoten.

5 Das Ende des fertigen Bandes gemäß der Abbildung durch die Lücke im Band schieben. Auf die auf beiden Enden überstehenden, roten Bänder eine Perle (ø 1 cm) ziehen und festkleben. Dann die Bandenden abschneiden.

6 Auf die beiden schwarzen Bänder je eine schwarze Holzperle fädeln und gemäß der Abbildung festkleben. Auf diese die Wackelaugen kleben. Die Bandenden zum Formen der Locken um einen Zahnstocher wickeln. Aus dem dritten, schwarzen Band eine Schleife binden und gemäß der Abbildung aufkleben.

IMPRESSUM

FOTOS: frechverlag GmbH, 70499 Stuttgart; Fotostudio Ullrich & Co., Renningen
DRUCK: frechdruck GmbH, 70499 Stuttgart

Auflage:	10.	9.	8.	7.	6.	
Jahr:	2008	2007	2006	2005	2004	[Letzte Zahlen maßgebend]

ISBN 3-7724-3314-6
Best.-Nr. 3314